Artistes | numéro 1

LE CARAVAGE
ET LES JEUX DE LUMIÈRE

L'enfant terrible
du baroque italien

par Coline Franceschetto

50MINUTES

Avec la collaboration de Corinne Durand

LE CARAVAGE

- **Nom ?** Michelangelo Merisi da Caravaggio, dit le Caravage.
- **Naissance ?** Né le 29 septembre 1571 à Milan.
- **Mort ?** Décédé le 18 juillet 1610 à Porto Ercole.
- **Contexte ?** L'époque du Caravage est marquée par la Contre-Réforme et la prédominance d'un art religieux. L'artiste est à l'origine du caravagisme, mais celui-ci ne peut être considéré comme un mouvement en soi : il s'agit plutôt d'un répertoire formel en rupture avec son temps amorcé par le Caravage.
- **Œuvres majeures ?**
  - *La Diseuse de bonne aventure* (1594)
  - *Les Tricheurs* (1595)
  - *Le Sacrifice d'Isaac* (1597-1598)
  - *Judith et Holopherne* (1598-1599)
  - *La Vocation de saint Matthieu* (1600)
  - *Les Sept Œuvres de Miséricorde* (1607)
  - *La Décollation de saint Jean-Baptiste* (vers 1608)

Michelangelo Merisi, surnommé Il Caravaggio, apparaît comme une figure marquante de l'histoire de l'art. Cet artiste milanais à la fois récrié, admiré, critiqué et menacé, aborde l'art d'une manière totalement inédite pour son époque. Fort d'un immense bagage artistique hérité de ses nombreux maîtres, doté d'un caractère impétueux et entreprenant, régi par une grande volonté d'indépendance, mais surtout témoin de nombreux changements historiques, religieux et sociaux, le Caravage rompt, concurremment à d'autres artistes, avec les modes picturaux de son temps. Il développe un art sans précédent qui lui est propre, annonçant le style baroque, et donne naissance aux mouvements caravagesques qui s'étendront à l'Europe entière.

Appuyé par de nombreux mécènes issus de la bourgeoisie romaine, il met en place dès son arrivée à Rome, en 1592, un art révolution-naire caractérisé par une palette sombre, des perspectives bouchées, des compositions dynamiques, des grands formats, le réalisme des figures et un traitement inédit de la lumière appelé clair-obscur – caractéristique majeure de son style. Sa peinture est le plus sou-vent religieuse bien que, depuis la Renaissance, les thèmes profanes soient de plus en plus courants. Le Caravage, génie maintenu trop longtemps dans l'ombre par l'histoire de l'art, nous laisse un héritage considérable qu'il est impossible d'ignorer. Les travaux de l'historien de l'art Roberto Longhi (1890-1970) le réhabilitent à partir de 1968, date à laquelle celui-ci publie une monographie de l'artiste.

CONTEXTE

LA RÉFORME ET LA CONTRE-RÉFORME

Lorsque Le Caravage arrive à Rome à la fin du XVIᵉ siècle, la ville est en pleine reconstruction. Saccagée en 1527 par les troupes de Charles Quint (1500-1558), empereur du Saint Empire romain germanique, et, surtout, ébranlée par la Réforme protestante, la cité cherche à retrouver son prestige d'antan et son statut de capitale de la chrétienté.

La Réforme protestante est un mouvement religieux né au début du XVIᵉ siècle et porté par le théologien Martin Luther (1483-1546). Entre 1517 et 1570, la Réforme soustrait à l'autorité du catholicisme romain l'Europe du Nord et du Nord-Ouest, des régions qui deviennent protestantes. La scission entre l'Église catholique romaine et les Églises protestantes est entamée. Plus précisément, ce mouvement réformateur se caractérise par une nouvelle approche des textes bibliques et prône un retour aux sources du christianisme. Il met en avant le salut des âmes en s'opposant aux abus et aux privilèges des clercs et de la papauté, mais surtout en refusant et en condamnant l'adoration et le culte des images.

Face aux positions drastiques des protestants et aux critiques dont elle fait l'objet, l'Église catholique romaine réagit et organise le concile de Trente (1545-1563), principal moteur de la Réforme catholique ou Contre-Réforme, qui amorce un vaste mouvement de renouvellement du catholicisme. Il s'agit de redéfinir les positions de l'Église catholique, d'éclaircir ses réflexions spirituelles et ses pratiques du culte.

LA PROMOTION D'UN ART RELIGIEUX

Portée par la Contre-Réforme, l'Église catholique rénove et fixe les principes de son iconographie. Elle prône l'image comme moyen essentiel de l'enseignement des Écritures saintes et cherche à promouvoir un art religieux avec lequel elle pourrait contrer la menace du protestantisme qui a quant à lui banni l'image du culte. Elle instaure ainsi un nouveau système de représentation auquel l'art se doit de répondre efficacement et rigoureusement : son but est d'inciter à la prière, de favoriser la méditation et d'émouvoir les fidèles. L'art ne doit plus se plier aux conventions artificielles du maniérisme, qui cherche à ravir les yeux et à troubler les sens ; il doit être pensé pour élever l'âme. Par conséquent, la sensualité, la nudité, les épisodes apocryphes ou encore les personnages et les éléments de décor étrangers à l'événement représenté doivent être exclus de la composition.

Tout dans l'art du Caravage va à l'encontre de ce système, du moins en apparence. Car, tout en étant réaliste à outrance, son œuvre renvoie parfaitement aux idées de la Contre-Réforme. Elle est imprégnée d'un symbolisme religieux à la fois savant et adapté aux hommes de son temps. Bien que l'approche artistique inédite du Caravage soit décriée par la papauté et les tenants de la Réforme catholique, ceux-ci ne représentent pas l'entièreté de la ville. Rome est en effet multiple et de nombreux intellectuels, hommes influents et artistes transgressifs permettront au peintre de développer son style novateur.

BIOGRAPHIE

LES PREMIÈRES ANNÉES

Michelangelo Merisi da Caravaggio naît le 29 septembre 1571 dans la paroisse de San Stefano in Brolo à Milan, et non à Caravaggio, petit bourg lombard situé à une quarantaine de kilomètres de Milan. Longtemps, le lieu de naissance du Caravage fut contesté et ce n'est que très récemment qu'un document officiel est venu le confirmer. Ses parents, Fermo Merisi et Lucia Aratori, originaires de Caravaggio, sont tous deux issus de la classe moyenne. Le père est intendant et ami du marquis de Caravaggio, Francesco Ier Sforza (1401-1466), dont la seconde épouse, Costanza Colonna, jouera à plusieurs reprises un rôle capital dans la carrière mouvementée de l'artiste.

En 1576, la grande peste s'abat sur Milan. Les Merisi se retirent alors dans leur ville natale, Caravaggio. Malgré cette mesure de protection, Fermo Merisi n'est pas épargné et meurt un an plus tard, en 1577. En 1584, le jeune Michelangelo retourne à Milan et entre en tant qu'apprenti dans l'atelier de Simone Peterzano (1540-1596), également appelé Simone Veneziano, formé par le Titien (1488-1576). Son apprentissage dure quatre années au cours desquelles l'adolescent entre en contact avec l'école lombarde, dont font partie les frères Campi (Antonio, 1524-1587, et Vincenzo, 1536-1591) ou encore le peintre Ambrogio Figino (1548-1608).

L'ÉCOLE LOMBARDE

L'école lombarde est une école picturale italienne née durant la Renaissance. Elle se caractérise par un réalisme prononcé qui applique les règles picturales dictées par l'Église au moment de la Contre-Réforme.

Son contrat d'apprentissage terminé, le Caravage retourne en 1588 à Caravaggio et y reste quatre ans. Deux ans après son retour, en 1590, sa mère meurt. La même année, Costanza Colonna part à Rome, vraisemblablement suivie par le jeune homme, bien que le départ de ce dernier soit peu documenté. Quoi qu'il en soit, il est de source sûre à Rome en 1592.

L'ÉPOPÉE ROMAINE

Les activités des premières années romaines de l'artiste restent relativement floues : il aurait été introduit par la marquise Costanza Colonna auprès de monseigneur Pandolfo Pucci da Recanati. Il travaille ensuite au service du peintre sicilien Lorenzo Carli et, plus tard, dans l'atelier d'Antiveduto Grammatica (1571-1626). Rapidement, il se crée un solide réseau de relations au sein de divers ateliers romains. C'est à cette époque qu'il rencontre le peintre sicilien Mario Minniti (1577-1640), qui devient rapidement son modèle ainsi qu'un ami fidèle.

En juin 1593, il travaille pour le célèbre peintre maniériste Giuseppe Cesari (1568-1640), connu aussi comme « Il Cavaliere d'Arpino ». Peintre attitré du pape Clément VIII (1536-1605), Cesari confie à son jeune apprenti la réalisation de natures mortes qui constituent, entre autres, ses œuvres de jeunesse. Mais la collaboration entre les deux artistes ne dure que quelques mois. En effet, le caractère impétueux et violent du jeune Caravage lui cause déjà des problèmes. Gravement blessé à la suite d'une altercation, il termine son apprentissage par un séjour forcé à l'hôpital de la Consolation.

En 1596, Prosperino delle Grottesche (vers 1560-1620), peintre et ami bien introduit du Caravage, présente le jeune artiste au cardinal Francesco Maria del Monte (1549-1627) qui devient rapidement son mécène et protecteur. Il s'agit d'un tournant décisif dans la carrière du peintre. Les commandes se succèdent et la réputation du Caravage se consolide au sein du milieu artistique romain, mais aussi dans l'Italie tout entière. Il peint pour les plus grandes familles romaines et intègre donc, dans la plupart de ses œuvres, les codes et les valeurs de la noblesse de l'époque, dont les thèmes fétiches sont la nature et les arts. Les sujets de ses tableaux sont réalistes, mais le Caravage propose encore, au début, une légère intention allégorique. Cependant, il abandonne rapidement les toiles de petit format à caractère symbolique destinées à un cercle restreint de connaisseurs, pour se lancer dans des compositions à sujet religieux de plus grandes dimensions. Reconnu et admiré de tous, il reçoit alors ses premières grandes commandes d'art religieux. Il réalise pour l'église Saint-Louis-Des-Français le cycle de la Chapelle Contarelli : *Le Martyre de saint Matthieu* (1601), *Saint Matthieu et l'Ange* (1602) et *La Vocation de saint Matthieu* (1600).

LA LÉGENDE DU PEINTRE MAUDIT

À partir de 1600, l'art du Caravage est à son apogée : il a réussi à inventer et à imposer son propre style et l'applique à la peinture sacrée. Mais il ne fait pas l'unanimité et, rapidement, de féroces polémiques viennent freiner sa carrière : de nombreuses commandes lui sont refusées, les critiques sont de plus en plus acerbes, et les jalousies de plus en plus fortes. Alimentée par la critique et les déviances de l'artiste, la légende du peintre maudit voit le jour. Se succèdent alors, comme les documents l'attestent, de nombreux séjours en prison. Agressions, insultes, port d'arme illégal ou encore coups et blessures font partie des dénonciations quotidiennes introduites contre le peintre. Cette spirale de violence se conclut le 28 mai 1606 par le meurtre du jeune Ranuccio Tommasoni da Terni, fils d'une puissante famille romaine, qui lui vaut une condamnation à mort. Malgré ses relations influentes, la fuite est le seul recours possible.

Le Caravage trouve alors refuge et protection à Naples, dans la famille de la marquise de Colonna. Durant cette période, il continue à peindre et reçoit de nombreuses commandes qui lui rapportent d'importantes sommes d'argent. Mais malgré cette stabilité, il décide d'abréger son séjour napolitain et part pour Malte. Il est fort probable que son objectif soit de s'entourer de personnes influentes pouvant l'aider à intégrer l'Ordre des chevaliers de Saint-Jean de Jérusalem, ce qui lui permettrait d'obtenir la grâce du pape et de rentrer à Rome.

Le 14 juillet 1608, le Caravage reçoit le titre officiel de chevalier. Cependant, dans la nuit du 18 août 1608, une violente bagarre éclate et le peintre est l'un des premiers suspects à être identifié. Il est arrêté et emprisonné au fort Saint-Ange. Il s'en évade le 6 octobre 1608 et est destitué de son titre de chevalier peu après. Désormais entouré d'un halo de négativité suite à ses frasques et au déshonneur de sa fuite, il est alors décrit comme un génie arrogant, envieux et violent, des défauts qui supplantent toute l'admiration que suscite son art. Il repart à Naples en 1609 afin de se soustraire au jugement des chevaliers de l'Ordre.

LA RÉHABILITATION

En juillet 1609, le Caravage apprend que le pape est finalement décidé à lui accorder la grâce tant attendue. Il s'embarque donc sur un voilier pour rejoindre Rome. Il emporte avec lui plusieurs tableaux destinés au cardinal Scipione Borghese (1577-1633). Lors d'une halte à Palo Laziale, il est arrêté et emprisonné pendant deux jours. Ironie du sort, cet événement advient au moment même où le pape accorde finalement le pardon au peintre. Le Caravage est relâché, mais le bateau est déjà reparti avec ses œuvres. Il décide alors de continuer sa route à pied. Affaibli par son emprisonnement, désespéré par le sort qui s'acharne contre lui, mais surtout malade, il meurt le 18 juillet 1610 à l'hôpital de Santa Maria Ausiliatrice à Porto Ercole.

CARACTÉRISTIQUES

UN RÉALISME INÉDIT

L'œuvre du Caravage marque un tournant révolutionnaire dans la peinture européenne à la charnière des XVIe et XVIIe siècles. Sa production met fin à la représentation stylisée d'une Renaissance finissante et maniériste au profit d'un naturalisme se traduisant par des caractéristiques propres à l'artiste.

La peinture du Caravage ne transfigure jamais ses sujets : l'image qu'il nous donne à voir reste fidèle aux traits du modèle et ne représente pas les traits abstraits jusque-là conventionnels. Il cherche constamment à cueillir le fait visible, ce qui lui interdit une quelconque idéalisation ou transfiguration du réel. Autrement dit, il ne reporte sur la toile que ce qui est, ce que la vision propose à l'esprit. Ce qui ne se voit pas ne l'intéresse pas. Cette démarche révolutionnaire, distante de la position conceptuelle des peintres renaissants de l'époque précédente, permet à l'artiste d'introduire un réalisme/naturalisme inédit qui vient s'imposer à contre-courant.

LE CLAIR-OBSCUR

Le clair-obscur consiste à moduler la lumière sur un fond d'ombres en créant de forts contrastes qui suggèrent le relief et la profondeur. Cette technique a le pouvoir de rendre les choses présentes et réelles par son traitement subtil de l'ombre et de la lumière. Pour la première fois dans l'histoire de l'art, le clair-obscur utilisé par le Caravage devient l'agent dynamique essentiel de la composition : c'est lui qui orchestre l'action, qui oriente regard et qui choisit ce qui doit être vu. Ce traitement de la lumière non seulement à faire saillir les corps, c'est-à-dire à les modeler en renforçant les contrastes, mais aussi à concrétiser un contenu spirituel sans avoir recours aux effets du surnaturel. Le caractère divin des personnages est littéralement « mis en lumière » plutôt que représenté par des attributs symboliques. Ainsi, en jouant sur les jeux de clarté et d'obscurité, l'artiste dessine la réalité, la souligne et permet une meilleure compréhension de cette dernière tout en restant fidèle au mysticisme des peintures religieuses.

La lumière, avec la technique du clair-obscur, devient un élément essentiel des compositions caravagesques. Dans les œuvres de jeunesse du peintre, elle illumine tout le tableau. Ensuite, elle vient se concentrer sur certaines zones, créant un contraste qui confère une dimension de plus en plus dramatique aux toiles du Caravage. Toujours extérieure au tableau, la lumière s'introduit latéralement dans la scène et guide l'œil vers l'essentiel. Cet usage extérieur de la lumière apporte une dimension symbolique et spirituelle, et participe autant à la compréhension de la scène qu'à sa sacralisation. Il permet aussi de créer une profondeur sans avoir recours aux artifices de la perspective linéaire.

DES THÈMES RELIGIEUX

Le Caravage innove en abandonnant deux grandes réserves iconographiques en usage à l'époque (la mythologie sacrée et la mythologie profane) au profit de thèmes entièrement religieux qu'il transpose dans un cadre réaliste et populaire : le contenu sacré rejoint la scène de genre. De plus, les scènes sont transposées à l'époque contemporaine (mobilier, vêtements, etc.), ce qui permet au spectateur de s'impliquer et de s'identifier davantage au sujet représenté.

Cette volonté de représenter les personnages tels qu'ils sont et dans un contexte contemporain vaut au Caravage de nombreux problèmes avec ses commanditaires religieux, qui refusent souvent ses toiles.

En effet, beaucoup n'acceptent pas le fait qu'un saint ou encore que la Vierge Marie aient les traits d'un vulgaire passant ou de la prostituée ayant servi de modèles au peintre.

Enfin, il faut noter que la plupart des œuvres du Caravage ne présentent pas d'arrière-plan. Les figures sont souvent assemblées en groupe compact et placées au premier plan sur un fond sombre ne permettant aucune percée vers l'extérieur. Cette organisation spatiale projette le spectateur dans l'espace intime et clos de la scène. En effet, en laissant ainsi de vastes pans du tableau dans l'ombre, le peintre crée des scènes plus intimistes et rapproche les spectateurs des protagonistes, qui semblent surgir d'un espace indéterminé.

JEUNE HOMME À LA CORBEILLE DE FRUITS

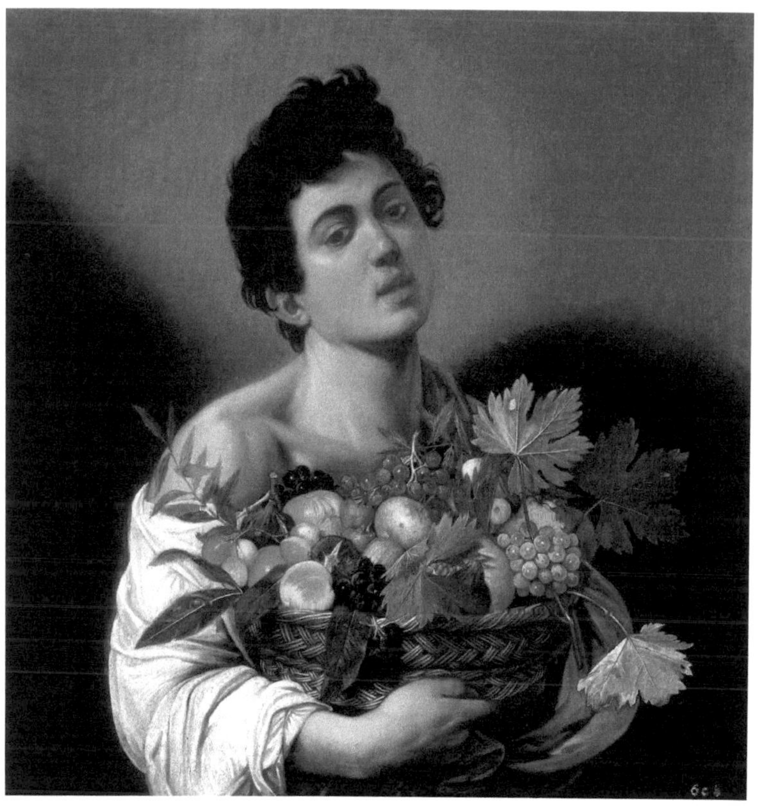

Jeune homme à la corbeille de fruits, 1593-1594, huile sur toile, 70 x 67 cm, Rome, Galleria Borghese.

Cette toile figure dans la collection du cavalier d'Arpin (1568-1640), jusqu'à sa saisie en 1607 sur ordre de Paul V (1550-1621) qui l'offre ensuite au cardinal Scipione Borghese. Il s'agit d'une des premières œuvres réalisées par le Caravage à Rome. Au moment de sa réalisation, le jeune artiste travaille au sein de l'atelier du peintre Giuseppe Cesari, pour qui il réalise de nombreuses natures mortes. Toutefois, il peint vraisemblablement des portraits d'adolescents tels que celui-ci – dont l'érotisme a souvent été souligné – à son propre compte.

Dès ses premières œuvres, on remarque l'héritage lombard du peintre : un naturalisme frappant, qui rend compte de la volonté de l'artiste de reproduire à l'identique ce qu'il voit, de peindre la réalité telle qu'elle se présente à lui. Le sujet représenté n'est pas influencé par des éléments graphiques réels, abstraits ou symboliques qui pourraient venir troubler l'interprétation première du tableau et y ajouter du sens. Le Caravage nous présente un jeune homme de trois quart, portant une corbeille de fruits d'automne. Avec ce tableau, il nous démontre sa capacité d'imitation sans tomber dans l'interprétation esthétique. Fruits, fleurs et feuilles n'ont jamais été peints avec autant de réalisme : on peut voir et sentir leur chair, leur densité, leur substance. La réalité se voit ainsi dotée d'une nouvelle puissance et d'une sensibilité jamais rencontrée jusqu'alors.

Nous pouvons déjà relever quelques marques de fabrique propres au peintre : le fond neutre, privé de décor et balayé de zones d'ombres, l'attention portée au traitement des drapés et, enfin, la minutie avec laquelle il rend les expressions du visage de son personnage. La lumière est encore « blonde », diffuse et rend presque tactile la peau du jeune homme.

JUDITH ET HOLOPHERNE

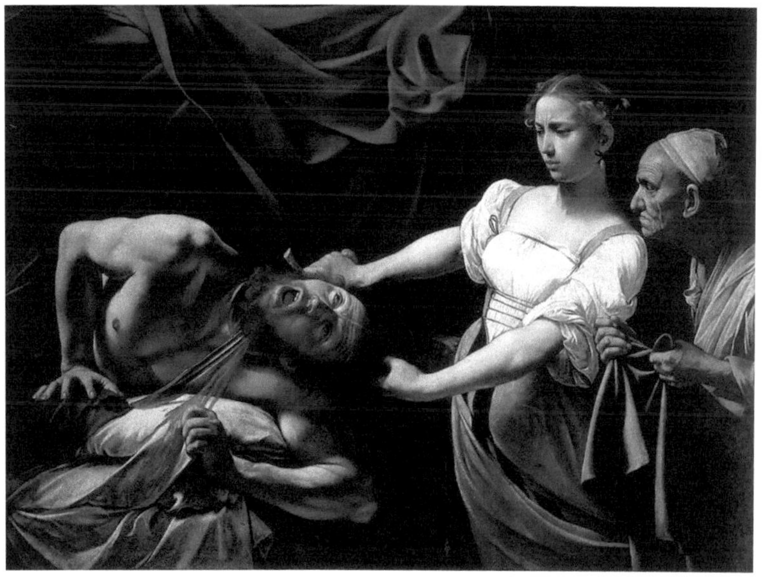

Judith et Holopherne, 1598-1599, huile sur toile, 145 x 195 cm, Rome, Palazzo Barberini, Galleria Nazionale d'Arte antica.

Lorsqu'il peint cette toile, le Caravage est en pleine période d'expérimentation : reconnu et admiré par la noblesse romaine, il peut se permettre de développer son propre style et abandonne progressivement les petites toiles à caractère symbolique pour se concentrer sur des formats plus imposants à l'iconographie complexe, témoins d'une maturité parvenue et de plus vastes ambitions. Il réalise désormais des tableaux d'action et inaugure avec *Judith et Holopherne* la « typologie de l'horrible », une thématique fréquente que l'on retrouvera dans les années de maturité du Caravage.

La scène est reprise de l'Ancien Testament. Elle représente la jeune veuve juive Judith qui, après avoir séduit le général assyrien Holopherne, est sur le point de le tuer durant son sommeil afin de sauver son peuple du tyran. Elle est accompagnée par une servante du nom d'Abra, qui s'apprête à recevoir le trophée dans un sac. La toile, d'une incroyable complexité, est envahie d'une nouvelle tension dramatique qui permet au peintre de mieux articuler les figures dans l'espace. Nouvelle aussi est l'action à caractère théâtral des personnages, relevée par la lumière, la virulence brutale et angoissante du geste de Judith, ainsi que par la présence du rideau en arrière-plan.

L'innovation, dans ce tableau, réside entre autres dans le traitement de la scène représentée : elle est figée, atemporelle, la tête n'étant pas encore tombée. Cette œuvre marque aussi un tournant décisif dans le travail des ombres par le peintre. En effet, elle annonce le passage entre les teintes claires, présentes dans les toiles de jeunesse de l'artiste, et les contrastes marqués de ses clairs-obscurs qu'il développera tout au long de sa carrière. Le duel entre l'ombre et la lumière, maîtrisé par un puissant jeu de clair-obscur, est maintenant affirmé avec force.

LA DÉCOLLATION DE SAINT JEAN-BAPTISTE

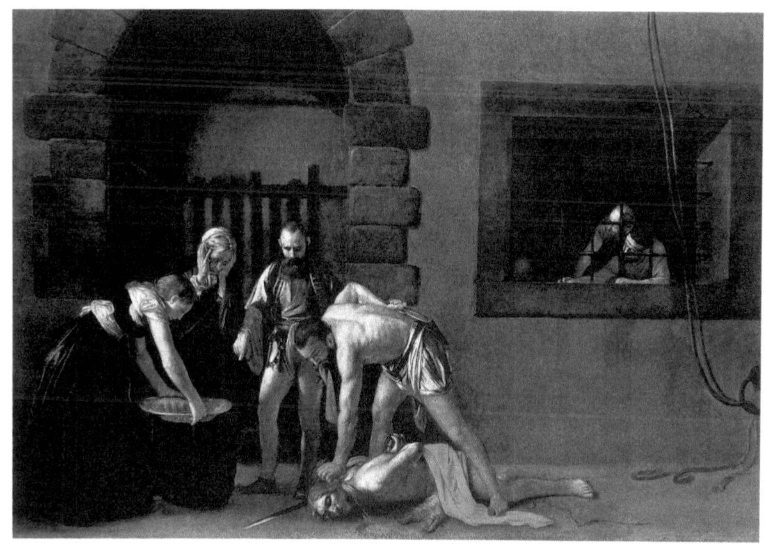

La Décollation de saint Jean-Baptiste, 1608, huile sur toile, 361 x 520 cm, Malte, La Valette, Cathédrale Saint-Jean.

Il s'agit d'une œuvre majeure de la période maltaise de l'artiste et de l'un de ses plus grands formats. C'est également la seule marquée du sceau autobiographique du peintre. On peut lire, sous la flaque de sang qui s'échappe du cou tranché de saint Jean-Baptiste : f. Michelangelo. Cette signature marque également sa nouvelle appartenance à l'Ordre des chevaliers de Saint-Jean de Jérusalem.

Ce tableau est commandé par Alof de Wignacourt (1547-1622), grand maître de l'Ordre de Saint-Jean de Jérusalem. Il reflète le climat moral et spirituel austère du milieu dans lequel évolue l'artiste à l'époque de sa création : la composition est plus classique, le traitement de la lumière est plus nuancé, et l'on remarque aussi une plus grande retenue ainsi qu'une certaine économie des moyens picturaux. L'intensité du drame et la violence de la scène sont objectivées dans la rigueur d'une construction classique déterminée par les formes géométriques du décor (le cercle pour le groupe des personnages à gauche et le carré qui domine la partie droite du tableau), par l'éclairage adouci (la lumière est concentrée dans la partie gauche) et par la retenue qui caractérise les gestes et les attitudes représentés.

La scène représentée renvoie à un épisode du Nouveau Testament : arrêté et emprisonné par Hérode, Jean-Baptiste est ensuite décapité dans sa cellule à la demande de Salomé, la fille d'Hérodiade, qui souhaite offrir à sa mère sa tête sur un plateau.

La gravité qui émane de l'œuvre traduit l'état psychologique du peintre : coupable et condamné, le Caravage traite le thème de la condition humaine face au poids tragique et angoissant de la solitude et de la mort en adoptant un schéma simple et austère. Les sujets sont placés dans un espace vaste et dépouillé, mais donnent la sensation d'être enfermés dans leur propre drame personnel. Cette impression est renforcée par la muraille en arrière-plan qui empêche toute expansion vers le fond et projette en premier plan le groupe des protagonistes : saint Jean-Baptiste, le bourreau, le geôlier, Salomé et une servante.

DAVID ET LA TÊTE DE GOLIATH

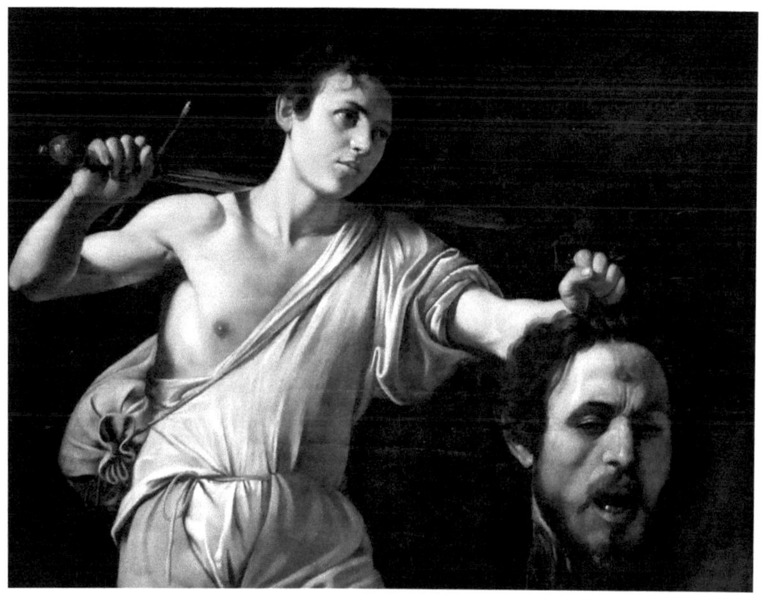

David et la Tête de Goliath, 1609-1610, huile sur toile, 125 x 101 cm, Rome, Galleria Borghese.

Cette œuvre est une des toutes dernières toiles peintes par l'artiste. L'épisode biblique représenté renvoie à la victoire du jeune berger David, qui abat de sa fronde le géant Goliath, chefs des Philistins, avant de lui trancher la tête et de l'amener au roi Saül. Les théologiens ont tendance à interpréter ce passage biblique comme la victoire du bien contre le mal, du Christ contre Satan et de l'humilité contre l'orgueil.

L'investissement personnel du peintre est à son comble dans *David et la Tête de Goliath*. En effet, le Caravage a donné ses propres traits à Goliath, s'identifiant ainsi au mal et, surtout, à une figure de vaincu. N'oublions pas qu'il a été condamné à mort par décapitation après le meurtre du jeune Ranuccio Tommasoni. L'artiste réinvente ainsi le mythe, l'incarne et s'en sert comme expression privilégiée, idéale et poétique de sa propre situation. L'autoportrait nous montre un homme mature, aux traits dévastés, rongé par la culpabilité et le désarroi, et moralement épuisé par la maladie et les tourments endurés depuis sa fuite de Rome.

L'horreur de la scène est accentuée par l'usage d'un clair-obscur dramatique, par un fond complètement absent et par la présence, en premier plan, de la tête sanguinolente de Goliath. Celle-ci implique directement le spectateur par sa présence inquiétante, à la fois physique et morale.

LE CARAVAGE, UNE SOURCE D'INSPIRATION

LE CARAVAGISME EN ITALIE

L'influence du Caravage s'exerce depuis Rome et Naples, d'où de nombreux peintres diffusent son style. Dans un premier temps confiné à l'Italie, le caravagisme se répand rapidement dans le reste de l'Europe. Une nouvelle manière de peindre voit le jour : on parle alors de « peintres de la réalité », de « caravagesques » et de « ténébristes ».

Bartolomeo Manfredi (1582-1622) fait partie du cercle d'artistes qui connaissent le Caravage de leur vivant, de même que, entre autres, Carlo Saraceni (1579-1620) et Orazio Gentileschi (1563-1639). On les appelle les « caravagesques de la première heure ». Considéré comme l'un des plus proches continuateurs du Caravage, Manfredi est surtout influencé par son style tardif : le jeu sur les contrastes violents d'ombre et de lumière et une palette de couleurs se limitant aux teintes sombres (noir, brun) et aux couleurs pures (rouge, blanc). Toutefois, contrairement au Caravage, qui privilégie les scènes religieuses, Manfredi préfère les scènes de genre. L'apport majeur de ce peintre dans la diffusion du caravagisme est d'en simplifier le style et de permettre ainsi sa réception au plus grand nombre, particulièrement aux peintres étrangers en visite à Rome dans les années 1610-1620.

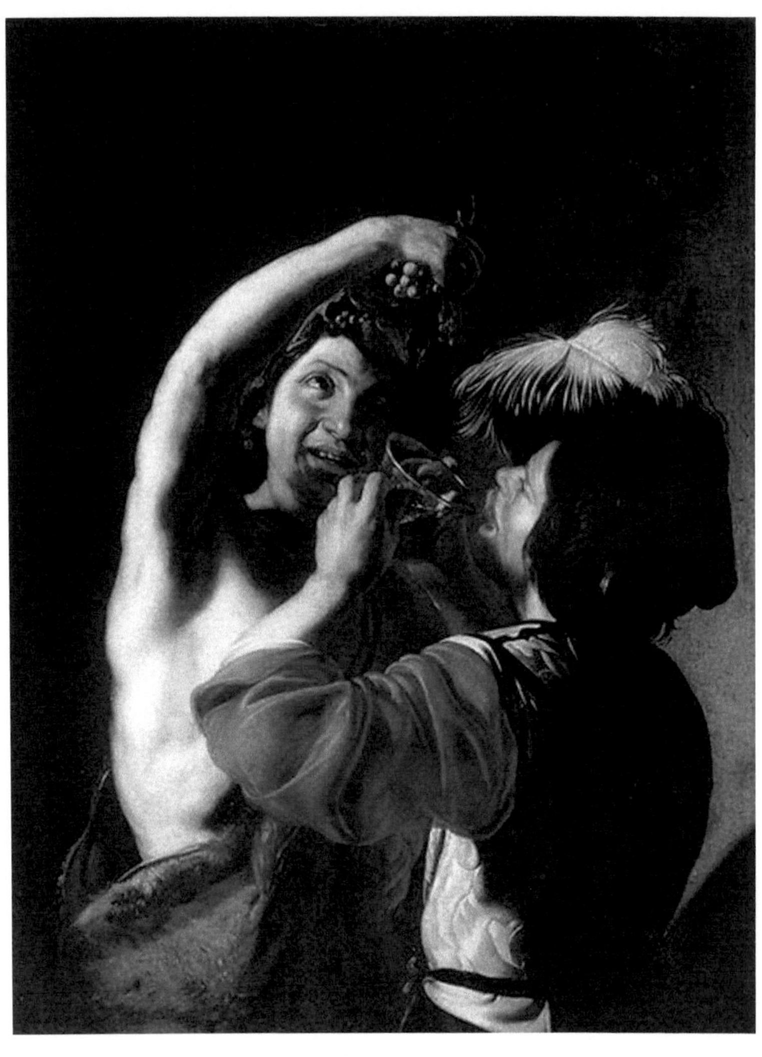

MANFREDI (Bartolomeo), *Bacchus et le Buveur*, vers 1610, huile sur toile, 132 x 96 cm, Rome, Galleria Nazionale d'Arte antica.

L'ÉCOLE CARAVAGESQUE D'UTRECHT

Aux XVIᵉ et XVIIᵉ siècles, il est d'usage pour tout artiste peintre de partir en Italie dans le but de parfaire son éducation artistique. Henrik Ter Brugghen (1588-1629), peintre néerlandais, n'y échappe pas et se rend à Rome en 1607. Il y séjourne sept années durant lesquelles il entre en contact direct avec les œuvres du Caravage et de ses continuateurs italiens. L'influence du Caravage se retrouve dans son traitement de l'ombre et la lumière, dans sa mise en scène dramatique des thèmes bibliques et dans le réalisme de ses sujets. À son retour, il fonde avec Gerrit Van Honthorst (1590-1656) et Dirck Van Baburen (1595-1624) ce que l'on nomme « l'école caravagesque d'Utrecht ». Ces maîtres et leurs élèves peignent et diffusent une peinture inspirée par le Caravage qui influencera toute la grande peinture hollandaise, et notamment Rembrandt (1606-1669).

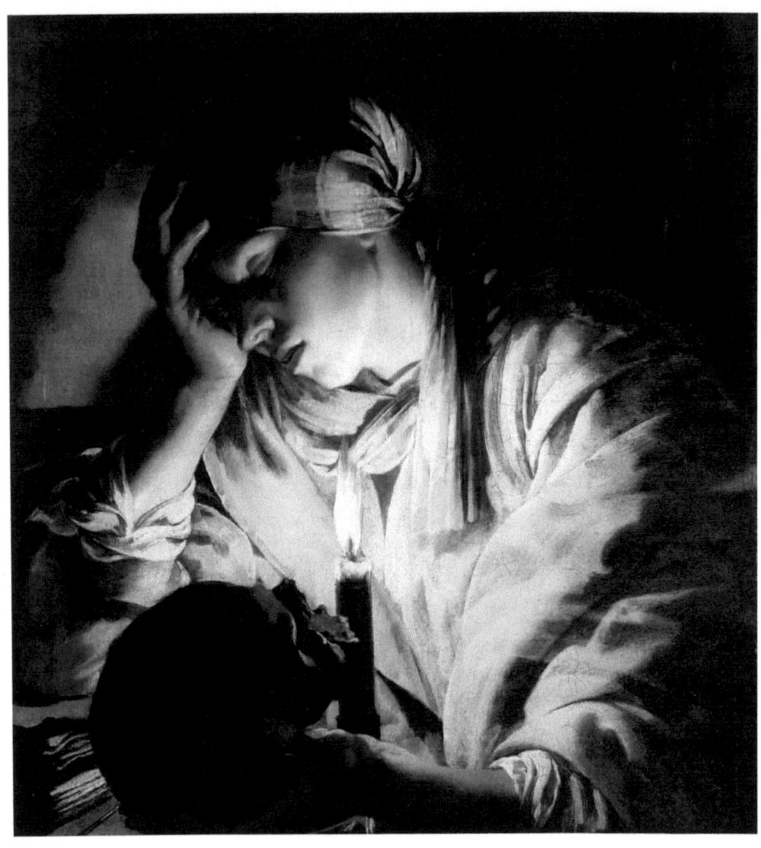

BRUGGHEN (Hendrik ter), *Melancholia* ou *Marie-Madeleine*, 1627-1628, huile sur toile, 67 x 46,5 cm, Toronto, Art Gallery of Ontario (en prêt).

UNE INFLUENCE INDIRECTE EN FRANCE ET EN ESPAGNE

Contrairement à Hendrik ter Brugghen, Georges de La Tour (1593-1652), peintre lorrain, n'a sans doute jamais approché une œuvre du Caravage. Il subit cependant son influence via les peintres français Simon Vouet (1590-1649) ou encore Valentin de Boulogne (1591-1632), tous deux passés par Rome. Les tableaux de La Tour empruntent au grand maître son répertoire stylistique, les effets de clair-obscur, le dépouillement extrême du décor et le réalisme des figures. Mais, à l'inverse du Caravage, l'absence d'effets dramatiques et théâtraux, les formes épurées et les larges pans monochromes confèrent à ses toiles un sentiment de quiétude et de tranquillité qui font de lui un continuateur caravagesque des plus originaux. Ses personnages sont souvent représentés de profil et éclairés par une chandelle qui donne à la scène une atmosphère de silence et d'intimité.

Enfin, le style du Caravage s'est également répandu en Espagne, via Jusepe de Ribera (1591-1652), présent à Rome dans les années 1610, puis à Naples en 1620. Le ténébrisme de ce peintre influence en effet des artistes tels que Francisco de Zurbarán (1598-1664), Diego Vélasquez (1599-1660) et Bartolomeo Estebán Murillo (1618-1682).

EN RÉSUMÉ

- La vie et les œuvres du Caravage, né en 1571, sont intrinsèquement liées : il crée son style et son propre univers expressif à partir du matériau biographique.

- La peinture du Caravage rompt avec les traditions d'une Renaissance finissante. L'artiste renouvelle entièrement les codes en vigueur en appliquant à sa peinture un réalisme naturel. Avec lui naît le réalisme dans la peinture moderne.

- Il privilégie les sujets religieux, qu'il transpose dans un cadre profane, réaliste et populaire. Il entend présenter la vie dans sa totalité. La réalité physique et psychologique des figures est particulièrement mise en exergue, ce qui vaut à l'artiste de nombreux problèmes avec ses commanditaires religieux.

- Le Caravage est le premier peintre à établir une technique définitive du clair-obscur. Il assombrit les ombres et transperce les sujets par une lumière crue et puissante, souvent latérale. Celle-ci guide l'œil du spectateur sur les éléments importants des scènes représentées. La lumière permet par ailleurs de mettre l'accent sur la spiritualité des personnages et des scènes.

- La composition spatiale des tableaux est organisée de telle sorte que le spectateur a l'impression d'être intimement lié à la scène. Le fond est absent et les figures sont coupées à mi-corps.

- De son vivant déjà, le Caravage influence une génération entière de peintres qui reprennent et diffusent son style à travers toute l'Europe.

POUR ALLER PLUS LOIN

SOURCES BIBLIOGRAPHIQUES

- Berne-Joffroy (André), *Le dossier Caravage. Psychologie des attributions et psychologie de l'art*, Paris, Flammarion, 2010.
- *Caravaggio : una mostra impossibile*, Rome, Castel Sant'Angelo, 11 décembre 2003 et 15 février 2004.
- *Caravaggio e l'Europa. Il movimento caravaggesco internazionale : da Caravaggio a Mattia Preti*, Milan, Palazzo Reale, 15 octobre 2005 et 6 février 2006, Milan, Skira, 2005.
- *Corps et Ombres : le Caravage et le caravagisme européen*, Montpellier, musée Fabre, et Toulouse, musée des Augustins, 23 juin 2012-14 octobre 2012, Milan, 5 Continents, 2012.
- Ebert-Schifferer (Sybille), *Caravage*, Paris, Hazan, 2009.
- Guttuso (Renato), *Caravage*, Paris, Flammarion, 2006.
- Longhi (Roberto), *Le Caravage*, Paris, éditions du Regard, 2004.
- Mancini (Giorgio), *Lives of Caravaggio*, Londres, Pallas Athene, 2005.

SOURCES ICONOGRAPHIQUES

- Brugghen (Hendrik ter), *Melancholia* ou *Marie-Madeleine*, 1627-1628, huile sur toile, 67 x 46,5 cm, Toronto, Art Gallery of Ontario (en prêt). La photo reproduite est réputée libre de droits.
- Le Caravage, *David et la Tête de Goliath*, 1609-1610, huile sur toile, 125 x 101 cm, Rome, Galleria Borghese. La photo reproduite est réputée libre de droits.
- Le Caravage, *Jeune homme à la corbeille de fruits*, 1593-1594, huile sur toile, 70 x 67 cm, Rome, Galleria Borghese. La photo reproduite est réputée libre de droits.

- LE CARAVAGE, *Judith et Holopherne*, 1598-1599, huile sur toile, 145 x 195 cm, Rome, Palazzo Barberini, Galleria Nazionale d'Arte antica. La photo reproduite est réputée libre de droits.
- LE CARAVAGE, *La Décollation de saint Jean-Baptiste*, 1608, huile sur toile, 361 x 520 cm, Malte, La Valette, Cathédrale Saint-Jean. La photo reproduite est réputée libre de droits.
- MANFREDI (Bartolomeo), *Bacchus et le Buveur*, vers 1610, huile sur toile, 132 x 96 cm, Rome, Galleria Nazionale d'Arte antica. La photo reproduite est réputée libre de droits.

SOURCES COMPLÉMENTAIRES

- *Caravaggio*, film de Derek Jarman, avec Noam Almaz, Dexter Fletcher et Dawn Archibald, 1986.
- FERNANDEZ (Dominique), *La Course à l'abîme*, Paris, Grasset, 2003. Il s'agit d'une biographie romancée du Caravage, qui a donné lieu à une adaptation théâtrale : *Moi, Caravage*, créé au théâtre des Amants en Avignon le 18 juillet 2010, pour le 400e anniversaire de la mort de l'artiste.
- FRECHES (José), *Le Caravage. Peintre et assassin*, Paris, Gallimard, 1995.
- JOVER (Manuel), *Caravage*, Paris, Terrail, 2007.

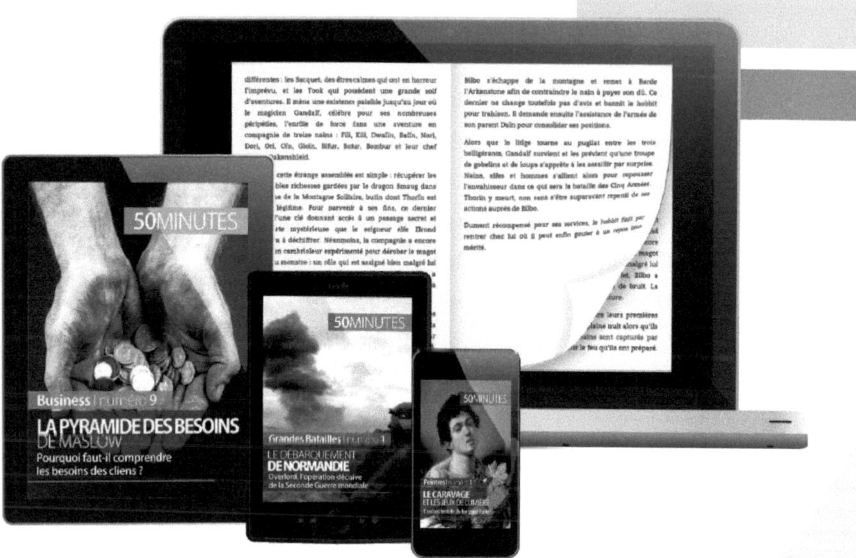
50MINUTES
Art
Business
Histoire

www.50minutes.com

Éditeur responsable : Lemaitre Publishing
Rue Lemaitre 6 | BE-5000 Namur
info@lemaitre-editions.com

ISBN ebook : 978-2-8062-5767-3
ISBN papier : 978-2-8062-5768-0
Dépôt légal : D/2014/12603/153
Photo de couverture : © *Jeune homme à la corbeille de fruits*, par le Caravage, 1593-1594.

Conception numérique : Primento, le partenaire numérique des éditeurs